THIS POCKET DIARY BELONGS TO:

Wake up and
SLAY THE DAY

2020 AT A GLANCE

JANUARY

S	M	T	W	T	F	S
29	30	31	1	2	3	4
5	6	7	8	9	10	11
12	13	14	15	16	17	18
19	20	21	22	23	24	25
26	27	28	29	30	31	1

FEBRUARY

S	M	T	W	T	F	S
26	27	28	29	30	31	1
2	3	4	5	6	7	8
9	10	11	12	13	14	15
16	17	18	19	20	21	22
23	24	25	26	27	28	29

MARCH

S	M	T	W	T	F	S
1	2	3	4	5	6	7
8	9	10	11	12	13	14
15	16	17	18	19	20	21
22	23	24	25	26	27	28
29	30	31	1	2	3	4

APRIL

S	M	T	W	T	F	S
29	30	31	1	2	3	4
5	6	7	8	9	10	11
12	13	14	15	16	17	18
19	20	21	22	23	24	25
26	27	28	29	30	1	2

MAY

S	M	T	W	T	F	S
26	27	28	29	30	1	2
3	4	5	6	7	8	9
10	11	12	13	14	15	16
17	18	19	20	21	22	23
24 / 31	25	26	27	28	29	30

JUNE

S	M	T	W	T	F	S
31	1	2	3	4	5	6
7	8	9	10	11	12	13
14	15	16	17	18	19	20
21	22	23	24	25	26	27
28	29	30	1	2	3	4

JULY

S	M	T	W	T	F	S
28	29	30	1	2	3	4
5	6	7	8	9	10	11
12	13	14	15	16	17	18
19	20	21	22	23	24	25
26	27	28	29	30	31	1

AUGUST

S	M	T	W	T	F	S
26	27	28	29	30	31	1
2	3	4	5	6	7	8
9	10	11	12	13	14	15
16	17	18	19	20	21	22
23/30	24/31	25	26	27	28	29

SEPTEMBER

S	M	T	W	T	F	S
30	31	1	2	3	4	5
6	7	8	9	10	11	12
13	14	15	16	17	18	19
20	21	22	23	24	25	26
27	28	29	30	1	2	3

OCTOBER

S	M	T	W	T	F	S
27	28	29	30	1	2	3
4	5	6	7	8	9	10
11	12	13	14	15	16	17
18	19	20	21	22	23	24
25	26	27	28	29	30	31

NOVEMBER

S	M	T	W	T	F	S
1	2	3	4	5	6	7
8	9	10	11	12	13	14
15	16	17	18	19	20	21
22	23	24	25	26	27	28
29	30	1	2	3	4	5

DECEMBER

S	M	T	W	T	F	S
29	30	1	2	3	4	5
6	7	8	9	10	11	12
13	14	15	16	17	18	19
20	21	22	23	24	25	26
27	28	29	30	31	1	2

2021 AT A GLANCE

JANUARY

S	M	T	W	T	F	S
27	28	29	30	31	1	2
3	4	5	6	7	8	9
10	11	12	13	14	15	16
17	18	19	20	21	22	23
24 31	25	26	27	28	29	30

FEBRUARY

S	M	T	W	T	F	S
31	1	2	3	4	5	6
7	8	9	10	11	12	13
14	15	16	17	18	19	20
21	22	23	24	25	26	27
28	1	2	3	4	5	6

MARCH

S	M	T	W	T	F	S
28	1	2	3	4	5	6
7	8	9	10	11	12	13
14	15	16	17	18	19	20
21	22	23	24	25	26	27
28	29	30	31	1	2	3

APRIL

S	M	T	W	T	F	S
28	29	30	31	1	2	3
4	5	6	7	8	9	10
11	12	13	14	15	16	17
18	19	20	21	22	23	24
25	26	27	28	29	30	1

MAY

S	M	T	W	T	F	S
25	26	27	28	29	30	1
2	3	4	5	6	7	8
9	10	11	12	13	14	15
16	17	18	19	20	21	22
23 30	24 31	25	26	27	28	29

JUNE

S	M	T	W	T	F	S
30	31	1	2	3	4	5
6	7	8	9	10	11	12
13	14	15	16	17	18	19
20	21	22	23	24	25	26
27	28	29	30	1	2	3

JULY

S	M	T	W	T	F	S
27	28	29	30	1	2	3
4	5	6	7	8	9	10
11	12	13	14	15	16	17
18	19	20	21	22	23	24
25	26	27	28	29	30	31

AUGUST

S	M	T	W	T	F	S
1	2	3	4	5	6	7
8	9	10	11	12	13	14
15	16	17	18	19	20	21
22	23	24	25	26	27	28
29	30	31	1	2	3	4

SEPTEMBER

S	M	T	W	T	F	S
29	30	31	1	2	3	4
5	6	7	8	9	10	11
12	13	14	15	16	17	18
19	20	21	22	23	24	25
26	27	28	29	30	1	2

OCTOBER

S	M	T	W	T	F	S
26	27	28	29	30	1	2
3	4	5	6	7	8	9
10	11	12	13	14	15	16
17	18	19	20	21	22	23
24/31	25	26	27	28	29	30

NOVEMBER

S	M	T	W	T	F	S
31	1	2	3	4	5	6
7	8	9	10	11	12	13
14	15	16	17	18	19	20
21	22	23	24	25	26	27
28	29	30	1	2	3	4

DECEMBER

S	M	T	W	T	F	S
28	29	30	1	2	3	4
5	6	7	8	9	10	11
12	13	14	15	16	17	18
19	20	21	22	23	24	25
26	27	28	29	30	31	1

JANUARY 2020

sunday	monday	tuesday	wednesday
29	30	31 New Year's Eve	Jan 1 New Year's Day
5	6	7	8
12	13	14	15
19	20	21	22
26	27	28	29
2	3	4	5

Home is where the bra isn't.

thursday	friday	saturday	notes
2 New Year's Holiday (Scotland)	3	4	JAN 2020
9	10	11	
16	17	18	
23	24	25	
30	31	Feb 1	
6	7	8	

FEBRUARY 2020

sunday	monday	tuesday	wednesday
26	27	28	29
2	3	4	5
9	10	11	12
16	17	18	19
23	24	25	26
Mar 1	2	3	4

You were my cup of tea, but I drink champagne now.

thursday	friday	saturday	notes
30	31	Feb 1	
6	7	8	
13	14 Valentine's Day	15	
20	21	22	
27	28	29	
5	6	7	

MARCH 2020

sunday	monday	tuesday	wednesday
Mar 1	2	3	4
8	9	10	11
15	16	17 St. Patrick's Day	18
22 Mothering Sunday	23	24	25
29	30	31	Apr 1
5	6	7	8

People will stare, make it worth their while.

thursday	friday	saturday	notes
5	6	7	
12	13	14	
19	20	21	
26	27	28	
2	3	4	
9	10 Good Friday	11	

APRIL 2020

sunday	monday	tuesday	wednesday
29	30	31	Apr 1
5	6	7	8
12	13 Easter Monday	14	15
19	20	21	22
26	27	28	29
3	4	5	6

Act like a lady, think like a boss.

thursday	friday	saturday	notes
2	3	4	
9	10 Good Friday	11	
16	17	18	
23 St. George's Day	24	25	
30	May 1	2	
7	8 May Day Bank Holiday	9	

APR 2020

MAY 2020

sunday	monday	tuesday	wednesday
26	27	28	29
3	4	5	6
10	11	12	13
17	18	19	20
24	25 Spring Bank Holiday	26	27
31	Jun 1	2	3

Sassy, classy, and a bit smart-assy.

thursday	friday	saturday	notes
30	May 1	2	
7	8 May Day Bank Holiday	9	
14	15	16	
21	22	23	
28	29	30	
4	5	6	

JUNE 2020

sunday	monday	tuesday	wednesday
31	Jun 1	2	3
7	8	9	10
14	15	16	17
21 Father's Day	22	23	24
28	29	30	Jul 1
5	6	7	8

Focused, smart and cute.

thursday	friday	saturday	notes
4	5	6	
11	12	13	
18	19	20	
25	26	27	
2	3	4	
9	10	11	

JULY 2020

sunday	monday	tuesday	wednesday
28	29	30	Jul 1
5	6	7	8
12 Battle of the Boyne (Northern Ireland)	13	14	15
19	20	21	22
26	27	28	29
2	3 Summer Bank Holiday (Scotland)	4	5

Be a flamingo in a flock of pigeons.

thursday	friday	saturday	notes
2	3	4	
9	10	11	
16	17	18	
23	24	25	
30	31	Aug 1	
6	7	8	

AUGUST 2020

sunday	monday	tuesday	wednesday
26	27	28	29
2	3 Summer Bank Holiday (Scotland)	4	5
9	10	11	12
16	17	18	19
23	24	25	26
30	31 Summer Bank Holiday	Sep 1	2

I'm sorry, did I roll my eyes out loud?

thursday	friday	saturday	notes
30	31	Aug 1	
6	7	8	
13	14	15	
20	21	22	
27	28	29	
3	4	5	

SEPTEMBER 2020

sunday	monday	tuesday	wednesday
30	31 Summer Bank Holiday	Sep 1	2
6	7	8	9
13	14	15	16
20	21	22	23
27	28	29	30
4	5	6	7

Reality called, so I hung up.

thursday	friday	saturday	notes
3	4	5	
10	11	12	
17	18	19	
24	25	26	
Oct 1	2	3	
8	9	10	

OCTOBER 2020

sunday	monday	tuesday	wednesday
27	28	29	30
4	5	6	7
11	12	13	14
18	19	20	21
25	26	27	28
Nov 1	2	3	4

What is coming is better than what is gone.

thursday	friday	saturday	notes
Oct 1	2	3	
8	9	10	
15	16	17	
22	23	24	
29	30	31 Halloween	
5 Bonfire Night	6	7	

OCT 2020

NOVEMBER 2020

sunday	monday	tuesday	wednesday
Nov 1	2	3	4
8	9	10	11
15	16	17	18
22	23	24	25
29	30 St. Andrew's Day	Dec 1	2
6	7	8	9

Sassy since birth.

thursday	friday	saturday	notes
5 Bonfire Night	6	7	
12	13	14	
19	20	21	
26	27	28	
3	4	5	
10	11	12	

NOV 2020

DECEMBER 2020

sunday	monday	tuesday	wednesday
29	30 St. Andrew's Day	Dec 1	2
6	7	8	9
13	14	15	16
20	21	22	23
27	28	29	30
3	4	5	6

New year, same me, because I'm already fabulous.

thursday	friday	saturday	notes
3	4	5	
10	11	12	
17	18	19	
24	25 Christmas Day	26 Boxing Day	
31 New Year's Eve	Jan 1 New Year's Day	2 New Year's Holiday (Scotland)	
7	8	9	

DEC2020

JANUARY 2021

sunday	monday	tuesday	wednesday
27	28	29	30
3	4	5	6
10	11	12	13
17	18	19	20
24	25	26	27
31	Feb 1	2	3

If I were meant to be controlled I would have come with a remote.

thursday	friday	saturday	notes
31 New Year's Eve	Jan 1 New Year's Day	2 New Year's Holiday (Scotland)	
7	8	9	
14	15	16	
21	22	23	
28	29	30	
4	5	6	

FEBRUARY 2021

sunday	monday	tuesday	wednesday
31	Feb 1	2	3
7	8	9	10
14 Valentine's Day	15	16	17
21	22	23	24
28	Mar 1	2	3
7	8	9	10

Don't study me, you won't graduate.

thursday	friday	saturday	notes
4	5	6	
11	12	13	
18	19	20	
25	26	27	
4	5	6	
11	12	13	

MARCH 2021

sunday	monday	tuesday	wednesday
28	Mar 1	2	3
7	8	9	10
14 Mothering Sunday	15	16	17 St. Patrick's Day
21	22	23	24
28	29	30	31
4	5 Easter Monday	6	7

Savage, never average.

thursday	friday	saturday	notes
4	5	6	
11	12	13	
18	19	20	
25	26	27	
Apr 1	2 Good Friday	3	
8	9	10	

APRIL 2021

sunday	monday	tuesday	wednesday
28	29	30	31
4	5 Easter Monday	6	7
11	12	13	14
18	19	20	21
25	26	27	28
2	3 May Day Bank Holiday	4	5

Sorry, not sorry.

thursday	friday	saturday	notes
Apr 1	2 Good Friday	3	
8	9	10	
15	16	17	
22	23 St George's Day	24	
29	30	May 1	
6	7	8	

MAY 2021

sunday	monday	tuesday	wednesday
25	26	27	28
2	3 May Day Bank Holiday	4	5
9	10	11	12
16	17	18	19
23	24	25	26
30	31 Spring Bank Holiday	Jun 1	2

Throw sass like confetti.

thursday	friday	saturday	notes
29	30	May 1	
6	7	8	
13	14	15	
20	21	22	
27	28	29	
3	4	5	

JUNE 2021

sunday	monday	tuesday	wednesday
30	31 Spring Bank Holiday	Jun 1	2
6	7	8	9
13	14	15	16
20 Father's Day	21	22	23
27	28	29	30
4	5	6	7

If Plan A doesn't work, there are 25 more letters in the alphabet.

thursday	friday	saturday	notes
3	4	5	
10	11	12	
17	18	19	
24	25	26	
Jul 1	2	3	
8	9	10	

JULY 2021

sunday	monday	tuesday	wednesday
27	28	29	30
4	5	6	7
11	12 Battle of the Boyne (Northern Ireland)	13	14
18	19	20	21
25	26	27	28
Aug 1	2 Summer Bank Holiday (Scotland)	3	4

Born cheeky.

thursday	friday	saturday	notes
Jul 1	2	3	
8	9	10	
15	16	17	
22	23	24	
29	30	31	
5	6	7	

AUGUST 2021

sunday	monday	tuesday	wednesday
Aug 1	2 Summer Bank Holiday (Scotland)	3	4
8	9	10	11
15	16	17	18
22	23	24	25
29	30 Summer Bank Holiday	31	Sep 1
5	6	7	8

Know your worth, then add tax.

thursday	friday	saturday	notes
5	6	7	
12	13	14	
19	20	21	
26	27	28	
2	3	4	
9	10	11	

AUG 2021

SEPTEMBER 2021

sunday	monday	tuesday	wednesday
29	30 Summer Bank Holiday	31	Sep 1
5	6	7	8
12	13	14	15
19	20	21	22
26	27	28	29
3	4	5	6

A goal without a plan is just a wish.

thursday	friday	saturday	notes
2	3	4	
9	10	11	
16	17	18	
23	24	25	
30	Oct 1	2	
7	8	9	

OCTOBER 2021

sunday	monday	tuesday	wednesday
26	27	28	29
3	4	5	6
10	11	12	13
17	18	19	20
24	25	26	27
31 Halloween	Nov 1	2	3

We only regret the chances we didn't take.

thursday	friday	saturday	notes
30	Oct 1	2	
7	8	9	
14	15	16	
21	22	23	
28	29	30	
4	5 Bonfire Night	6	

NOVEMBER 2021

sunday	monday	tuesday	wednesday
31 Halloween	Nov 1	2	3
7	8	9	10
14	15	16	17
21	22	23	24
28	29	30 St Andrew's Day	Dec 1
5	6	7	8

Follow the rules, miss all the fun.

thursday	friday	saturday	notes
4	5 Bonfire Night	6	
11	12	13	
18	19	20	
25	26	27	
2	3	4	
9	10	11	

DECEMBER 2021

sunday	monday	tuesday	wednesday
28	29	30 St Andrew's Day	Dec 1
5	6	7	8
12	13	14	15
19	20	21	22
26 Boxing Day	27	28	29
2	3	4 New Year's Holiday (Scotland)	5

I'm sexy and I know it.

thursday	friday	saturday	notes
2	3	4	
9	10	11	
16	17	18	
23	24	25 Christmas Day	
30	31 New Year's Eve	Jan 1 New Year's Day	
6	7	8	

JANUARY 2022

sunday	monday	tuesday	wednesday
26	27	28	29
2 New Year's Holiday (Scotland)	3	4	5
9	10	11	12
16	17	18	19
23	24	25	26
30	31	Feb 1	2

I do a thing called "what I want.

thursday	friday	saturday	notes
30	31	Jan 1	
	New Year's Eve	New Year's Day	
6	7	8	
13	14	15	
20	21	22	
27	28	29	
3	4	5	

NOTES

NOTES

NOTES

NOTES

NOTES

NOTES

NOTES

NOTES

NOTES

NOTES

Printed in Great Britain
by Amazon